チャイルド本社

とっておき！クリスマス

もくじ

【クリスマスエピソード】

作ろう！

やってみよう！

子どもにこのまま話せる♪

クリスマス豆知識

クリスマスって何？

むかしむかし、外国にキリストという神様がいたんだ。クリスマスは、キリストが、人間の世界にやって来てくれたことをお祝いするお祭りだよ。

サンタクロースって誰？

むかし外国に、聖（セント）ニコラウスという偉い人がいたんだ。子どものことが大好きで、子どもたちを守ってくれていたんだって。「この人がサンタクロースだったんじゃないか」と伝えられているよ。

先生・おうちの方へ　クリスマスやサンタクロースの由来・豆知識には、いろいろな説があります。ここでは、子どもたちに分かりやすい内容のものを紹介しています。

プレゼントを靴下に入れるのはなぜ？

聖ニコラウスが、お金がなくて困っていた家の煙突に、金貨を投げ入れてあげたんだ。金貨は、暖炉の近くに吊るしてあった靴下の中にスポン！　その金貨のおかげで、家族は助かったと言われているよ。このお話が元になっているんだって。

サンタさんの笑い方

サンタさんの笑い方はちょっと変わっているよ。「あはは」や「うふふ」じゃなくて、「ホーホーホー(Ho-Ho-Ho)」って笑うんだ。

クリスマスツリーは何の木？

モミの木をクリスマスツリーにするよ。モミの木には魔除けの力があると言われていて、クリスマスに飾るようになったんだよ。

メリークリスマスの意味

「楽しいクリスマスを」っていう意味だよ。

トナカイの名前

サンタさんのトナカイには名前があるよ。ダッシャー、ダンサー、プランサー、ヴィクセン、コメット、キューピッド、ダンナー、ブリッツェンの８頭。先頭のルドルフも合わせると９頭だよ。ルドルフは、赤い鼻のトナカイさんで、一番新しいメンバーなんだ。ピカピカ光る赤い鼻で、道を照らしながら先頭を走っているよ。

サンタクロース村

フィンランドという国には、本当に「サンタクロース村」があるよ。そこは遊園地になっているんだ。

サーフィンするサンタさん

オーストラリアという国は、12月が夏で、雪が降らないんだ。オーストラリアのサンタクロースは、そりではなくて、サーフボードに乗ってやって来ると言われているよ。

サンタQ＆A

サンタさんがやって来た！　子どもたちから質問攻め。
さて、サンタさんのアンサーは？？

Q サンタさんはどこに住んでいるの？

A 遠い遠い**「フィンランド」**という国に住んでいるよ。フィンランドの冬はとっても寒くて、雪がたくさん降るんだ。わしの家の周りにもいっぱい雪が積もっているんじゃよ。

空の雲の上じゃ。雲の上からみんなのことをいつも見ているよ。

Q プレゼントはどうやって用意するの？

A わしの家は、**プレゼント工場**になっているんじゃ。世界中の子どもたちにあげるプレゼントを、クリスマスに間に合うように作るので、毎日大忙しなんだよ。

Q 煙突がない家にはどうやって入るの？

A **魔法が使える**から、
煙突がなくても大丈夫。
どんなおうちにも入れるんじゃよ。

おうちの人にお願いして、
玄関の鍵を開けておいてもらうんじゃ。

Q サンタさんの服はどうして赤いの？

A **白い雪の中でも目立つ**ように、
赤い服を着ているんじゃ。
それにね、赤い色が大好きなんだ。

Q サンタさんは一人？たくさんいるの？

A **サンタは、わし一人！**
世界中を一人で飛び回らなければ
ならないから、クリスマスは
大忙しなんじゃよ。

兄弟がたくさんいて、みんなで
手分けして世界中の子どもたちに
プレゼントを配っているんじゃ。

作ろう！
ミニツリー
輪かざり
楽しい立体感
4～3
歳児
輪かざり入り
クリアツリー
案・製作／やのちひろ
【材料】紙テープ、プラスチックコップ、色画用紙、丸シール、片段ボール
マーブル
模様がキレイ
マーブリング
ツリー
案・製作／やのちひろ
【材料】画用紙、色画用紙
紙コップ、折り紙
型紙
P.40
4～3
歳児

開くと飛び出す

カード型じゃばらツリー

案・製作／山口みつ子

【材料】色画用紙、コピー用紙、キラキラした折り紙、丸シール

5～4歳児

手形が星に！

手形星の立体ツリー

案・製作／すぎやままさこ

【材料】色画用紙、画用紙、折り紙、キラキラした折り紙、丸シール

輪かざり入りクリアツリー

貼る
色画用紙
切り込みを入れ、立ち上げる
プラスチックコップ
丸シール
紙テープで作った輪飾り
色画用紙で蓋をする
貼る
片段ボールを巻いて留める

マーブリングツリー

色画用紙
貼る
表裏で２枚重ね、ホッチキスで留める
マーブリングした画用紙をツリー型に２枚切る
クレヨンで絵を描く
かぶせる
紙コップに折り紙を巻く

手形星の立体ツリー

画用紙に手形を押して切り取る

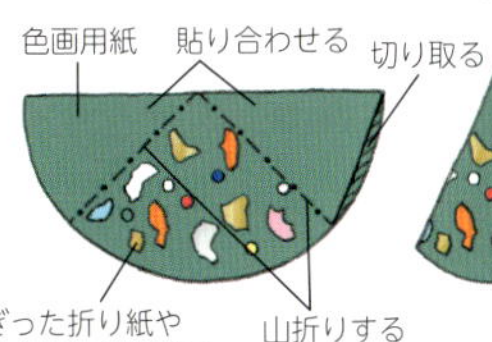

※ちぎり貼りが難しい場合は、大人が手伝ってあげましょう。

型紙 P.40

ひらひらフリンジツリー

案・製作／おおしだいちこ

【材料】色画用紙、折り紙、柄入りの折り紙、キラキラした折り紙、キラキラしたシール、厚紙、紙筒

型紙 P.40

モコモコツリー

案・製作／町田里美

【材料】折り紙、キラキラした折り紙、紙コップ、アルミホイル、紙筒、毛糸

ステンドグラス風キラキラツリー

案・製作／おおしだいちこ

【材料】色画用紙、キラキラした折り紙、紙筒

ひらひらフリンジツリー

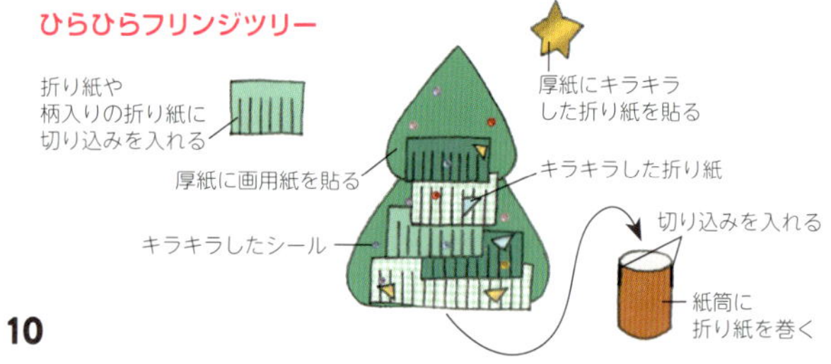

ステンドグラス風キラキラツリー

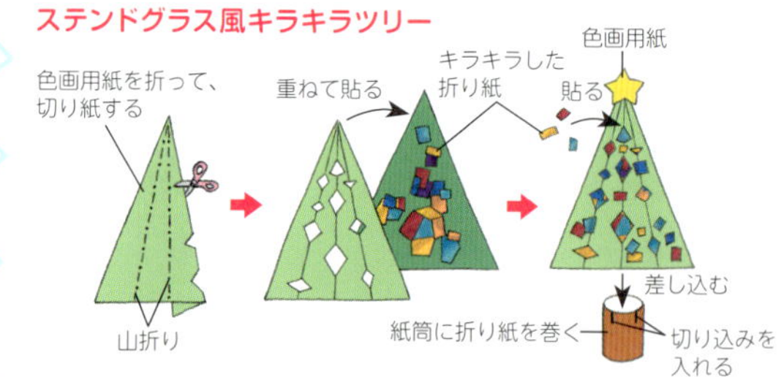

キラキラおりがみ
カラフル！
発泡トレー
発泡トレーのカラフルツリー
案・製作／おおしだいちこ
【材料】色画用紙、発泡トレー、キラキラした折り紙、紙筒、厚紙、牛乳パック
2～1歳児
型紙 P.40
いろんなスタンプ♪
スタンプぺたぺたツリー
案・製作／山口みつ子
【材料】色画用紙、コピー用紙、スポンジ、片段ボール、丸シール、毛糸、段ボール板
3～2歳児
発泡トレーのカラフルツリー
厚紙にキラキラした折り紙を貼る
貼る
色を塗った発泡トレー
スタンプする
厚紙に色画用紙を貼る
牛乳パックで持ち手を作る
キラキラした折り紙
貼る
差し込む
紙筒に折り紙を巻く
切り込みを入れる
発泡トレーにペンであとを付ける
スタンプぺたぺたツリー
段ボール板で持ち手を作る
スタンプした色画用紙を重ねて毛糸を通し、結ぶ
丸めたコピー用紙でスタンプする
穴を開ける
片段ボールでスタンプする
穴を開ける
色画用紙を表裏で貼る
色画用紙
スポンジでスタンプする
丸シール
色画用紙

作ろう！サンタクロース

とんがり帽子のサンタさん

型紙 P.41

案・製作／つかさみほ

【材料】色画用紙、ビニール袋、綿、ひも、輪ゴム

お花紙のふんわりサンタさん

案・製作／すぎやままさこ

【材料】画用紙、色画用紙、ビニール袋、お花紙、封筒、毛糸、輪ゴム

型紙 P.41

スケルトンひげのサンタさん

案・製作／町田里美

【材料】画用紙、色画用紙、紙テープ、スズランテープ、リボン

とんがり帽子のサンタさん

スケルトンひげのサンタさん

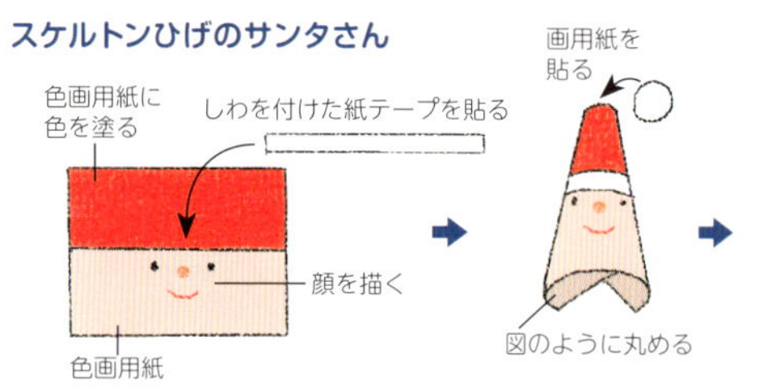

紙筒の コロリンサンタさん

案・製作／藤沢しのぶ

【材料】紙筒、画用紙、色画用紙、モール、リボン、丸シール

型紙 P.41

立体太っちょ サンタさん

案・製作／つかさみほ

【材料】画用紙、色画用紙、キラキラした折り紙、ひも

立体太っちょサンタさん

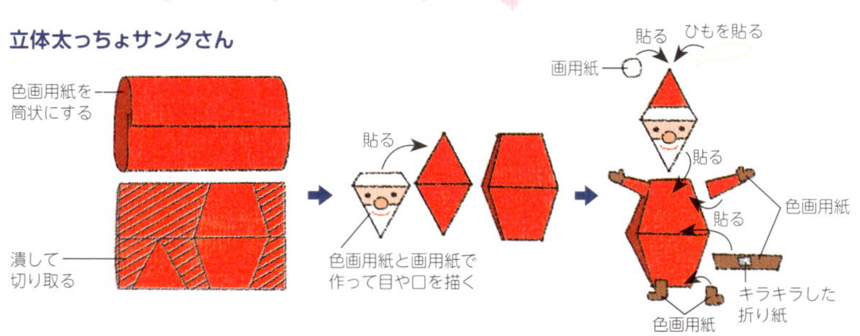

作ろう！ リース

写真で特別感

指スタンプリース

案・製作／いとう・なつこ

【材料】紙皿、色画用紙、モール、リボン、子どもの写真

型紙 P.41

2～1歳児

指スタンプリース

かざりが透けるよ

エアーパッキング クリアリース

案・製作／尾田芳子

【材料】エアーパッキング、キラキラしたテープ、ビニールテープ、リボン

3～2歳児

エアーパッキング クリアリース

染め紙を
リングに♪
染め紙リース
5～4
歳児
案・製作／尾田芳子
【材料】紙筒、障子紙、アルミホイル、
ゼリーの空き容器、金色の折り紙、
太めのひも、リボン
紙皿を
生かして♪
お花紙リース
案・製作／いとう・なつこ
【材料】紙皿、お花紙、
ボンテン、リボン、モール
4～3
歳児
リボン
自然物で
作ろう！
カラー工作用紙に
色画用紙や画用紙、
自然物を貼る
3～2
歳児
自然物リース
案・製作／尾田芳子
【材料】カラー工作用紙、
どんぐり、まつぼっくり、
色画用紙、画用紙、リボン
お花紙リース
縦に四つ切りにした
お花紙をねじる
裏返す
穴に通す
紙皿に色を塗り、
切り込みを入れる
切り込みの
部分を折って、
セロハンテープ
で裏に留める
モールを巻く
モール
貼る
リボン
ボンテン
貼る
染め紙リース
障子紙
乾いて
から切る
水性ペン
で描く
霧吹きで
にじませる
巻いて貼る
紙筒
太め
のひも
通す
輪にした
アルミホイル
端同士を
結ぶ
リボン
結ぶ
貼る
ゼリーの
空き容器を
金色の折り紙
で包む

作ろう! アラカルト

毛糸ぐるぐる雪だるま

案・製作／すぎやままさこ

【材料】色画用紙、白い段ボール板、リボン、ボタン、毛糸

型紙 P.41

小枝の角のトナカイさん

案・製作／山下味希恵

【材料】段ボール板、小枝、フェルト、はぎれ、厚紙、毛糸、ベル

型紙 P.41

プラスチックコップのクリアベル

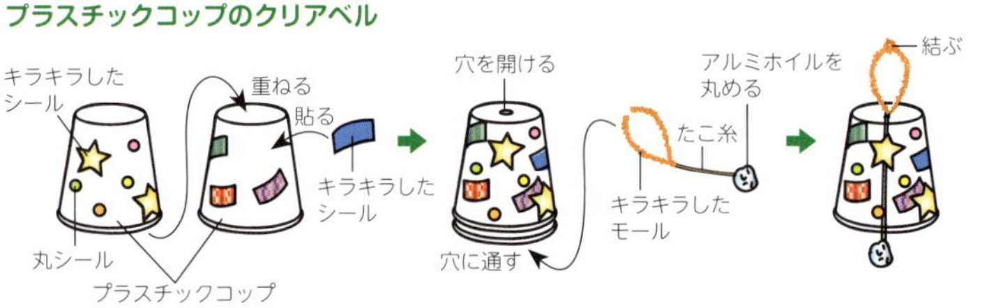

おめかしエンジェル

おめかしエンジェル

案・製作／うえはらかずよ

【材料】色画用紙、お花紙、レースペーパー、リボン、キラキラした折り紙

プラスチックコップのクリアベル

案・製作／宮地明子

【材料】プラスチックコップ、キラキラしたシール、丸シール、たこ糸、アルミホイル、キラキラしたモール

デカルコマニーブーツ

案・製作／すぎやままさこ

【材料】色画用紙、ビニールテープ、丸シール、毛糸、キラキラした折り紙

型紙 P.41

デカルコマニーブーツ

やってみよう！ おりがみ

折り方の約束と記号

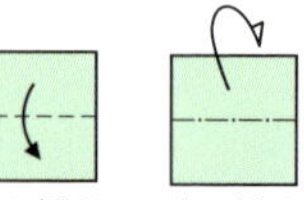

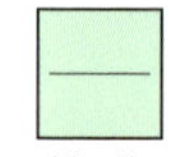

赤い帽子がトレードマーク

サンタさん①

折り紙案／丹羽兌子　製作／やのちひろ

スタート

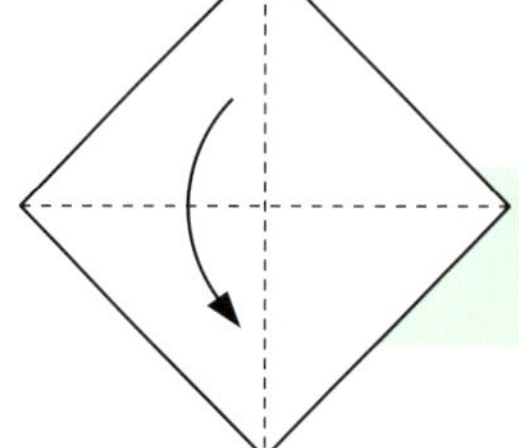

1 折り筋を付けてから半分に折る

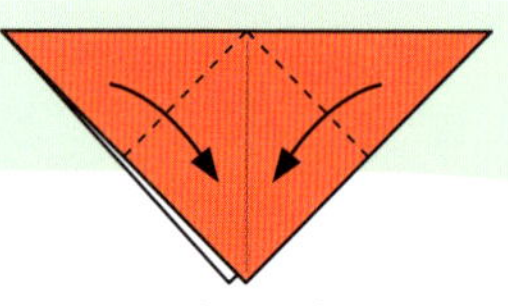

2 中心に向かって折る

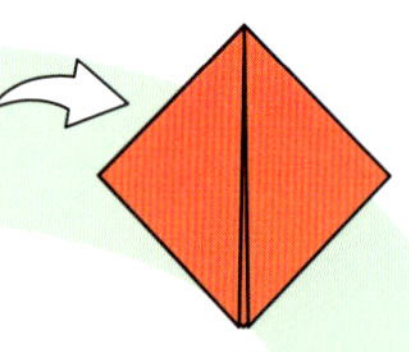

3

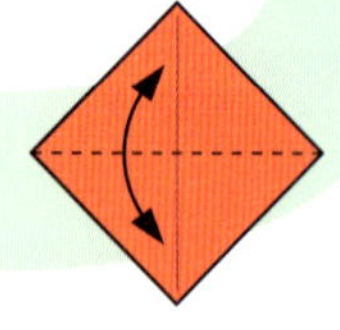

4 上の１枚のみ、谷折りして戻し、折り筋を付ける

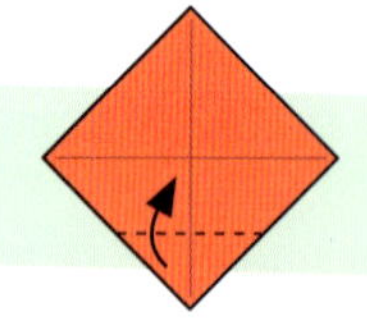

5 上の１枚のみ中心に向かって折る

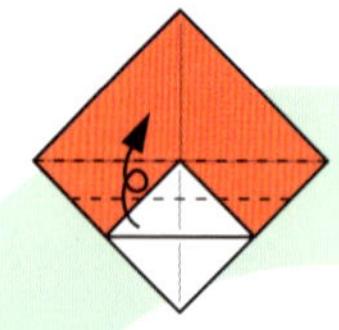

6 上の１枚のみ中心の折り筋まで２回折り上げる

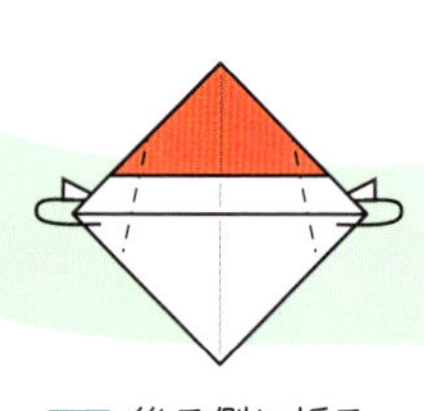

7 後ろ側に折る

できあがり

顔を描く

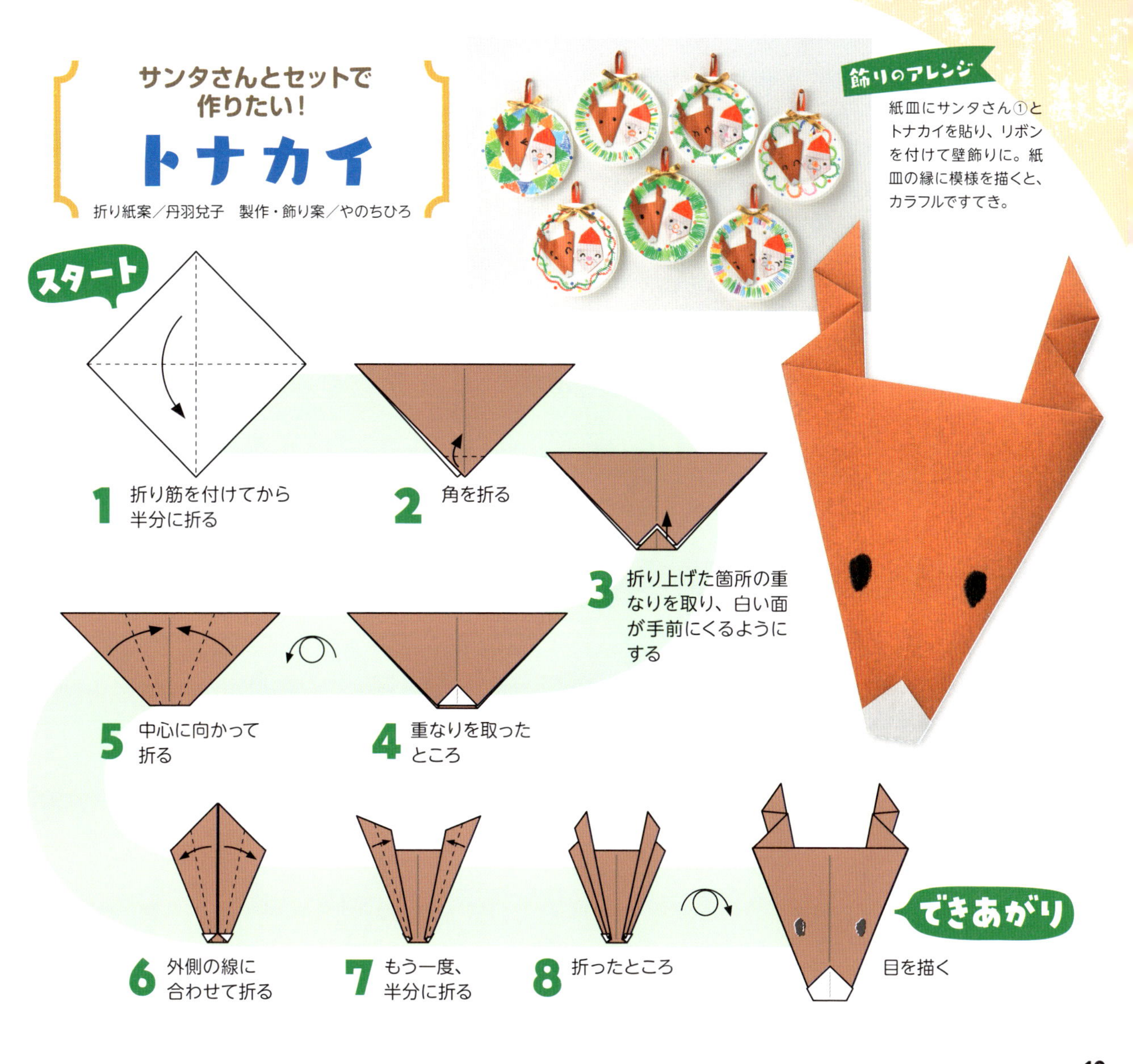
サンタさんとセットで
作りたい！
トナカイ
折り紙案／丹羽兌子　製作・飾り案／やのちひろ
飾りのアレンジ
紙皿にサンタさん①と
トナカイを貼り、リボン
を付けて壁飾りに。紙
皿の縁に模様を描くと、
カラフルですてき。
スタート
1 折り筋を付けてから
半分に折る
2 角を折る
3 折り上げた箇所の重
なりを取り、白い面
が手前にくるように
する
4 重なりを取った
ところ
5 中心に向かって
折る
6 外側の線に
合わせて折る
7 もう一度、
半分に折る
8 折ったところ
できあがり
目を描く

全身が作れちゃう♪
サンタさん2
折り紙案／青柳祥子　製作／つかさみほ
スタート
1 折り紙3/ 4サイズ
を三角に折る
2
3
4 上の1枚のみ
折り筋を付ける
5 上の1枚
を折る
6 折り上げる
7
8
9 別の折り紙１枚で
1～3まで同様に
折って、下を顔の
隙間にさし込む
10 角を折る
できあがり
顔を描き、
丸シールを貼る

表情を変えて
たくさん作ろう！

雪だるま

折り紙案／青柳祥子　製作・飾り案／つかさみほ

飾りのアレンジ

工作用紙に色画用紙を貼り、びょうぶ形にして雪山のイメージ。雪山にはカラーペンで木を描くと、冬の雰囲気が出ます。

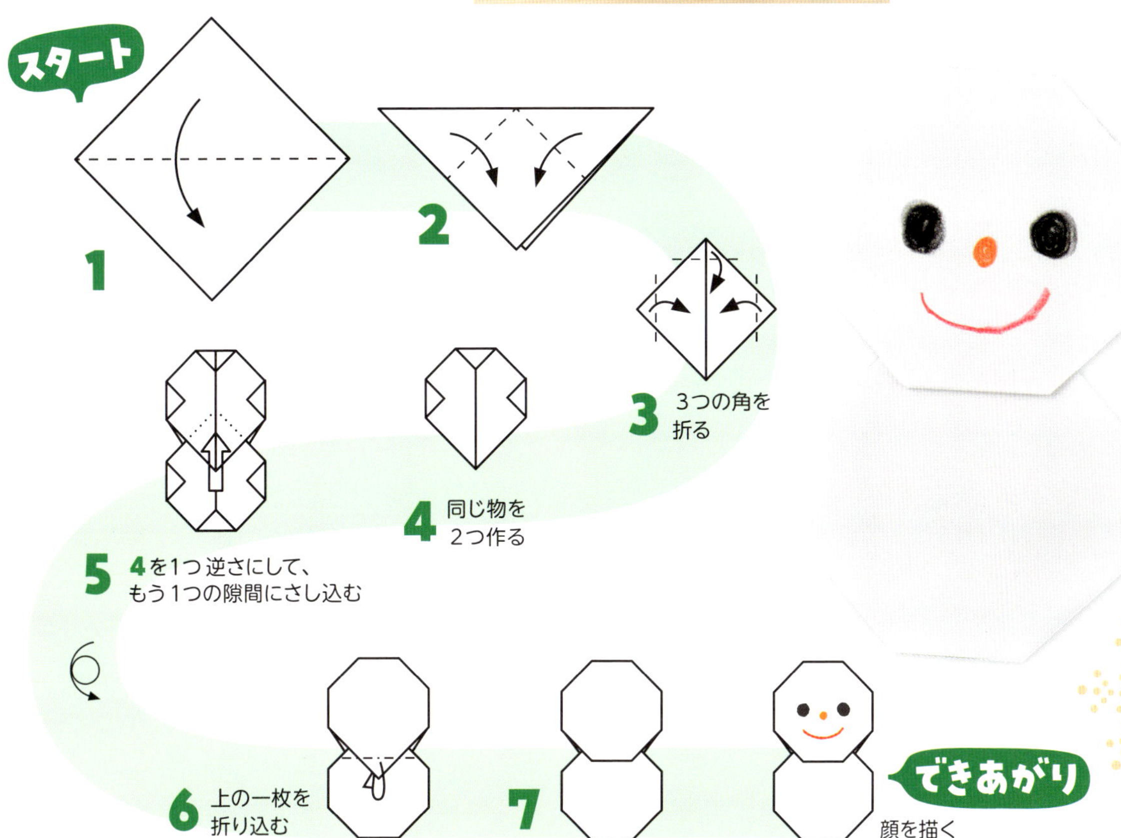

飾ろう! お部屋かざり
結晶がキラリ
雪の結晶つりかざり
案・製作／町田里美
【材料】画用紙、折り紙、キラキラした折り紙、ボンテン、リボン
型紙 作り方 P.42
キラキラしてる!
ふわふわでかわいい♪
お花紙で簡単!
ふわふわビッグツリー
案・製作／町田里美
【材料】色画用紙、お花紙、スズランテープ、リボン、厚紙
型紙 作り方 P.42

飛び出す！

型紙 P.43

クリスマスケーキの置きかざり

案・製作／すぎやままさこ

【材料】色画用紙、画用紙、キラキラしたモール、キラキラした折り紙、綿、リボン、片段ボール、ティッシュペーパー、カラーポリ袋、段ボール板、レースペーパー

Point

いちごは、ティッシュペーパーをカラーポリ袋で包んで立体的に。生クリームは綿を使って、ふわふわに仕上げます。

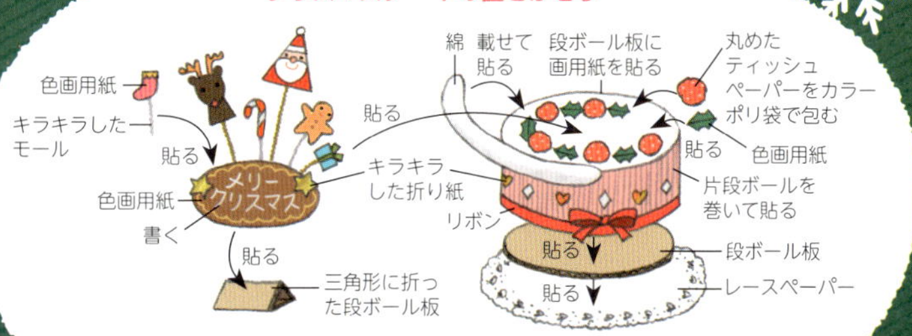

定番モチーフで

クリスマスモチーフのつりかざり

案・製作／もりあみこ

【材料】画用紙、色画用紙、カラー工作用紙、綿、ボンテン、リボン、マスキングテープ、丸シール、キラキラしたテープ、ひも

型紙 P.44

Point

色画用紙にマスキングテープを貼れば、リボンに！

サンタさんのひげは綿を貼って、ふわもこ感を演出します。

型紙 P.45

子どもと作ろう！

クリスマスのアドベントカレンダー

案・製作／みさきゆい

【材料】色画用紙、画用紙、モール、マスキングテープ、ひも、キラキラした折り紙

サンタさんの壁面

サンタさんとクリスマス会

案／＊すまいるママ＊　製作／もり 結

型紙 P.46

【材料】色画用紙、画用紙、フェルト、発泡スチロール（台紙用）

Point

音符をフェルトで作るとあたたかみが UP!

Point
ボンテンでクリスマス
ツリーをにぎやかに。
糸で連なった星が
かわいい！
みんなで仲よく
飾りつけ
案・製作／とりう みゆき
【材料】色画用紙、画用紙、
キラキラした折り紙、包装紙、
ボンテン、リボン、糸、発泡
スチロール（台紙用）
ツリーの壁面
型紙
P.47
27

楽しもう！ マジックシアター

あら不思議！　先生の体が浮いています!!

浮遊マジック

案・指導／大友 剛　製作／山口みつ子
モデル／伊藤有希菜

用意する物

帽　子

型紙 P.43

スリッパ
※星は色画用紙で作って貼ります。

バスタオル

1 保育者は、帽子とバスタオルを持って登場します。

保育者 もうすぐクリスマスですね！
サンタさんはそりに乗って空を飛んで
みんなの所に来てくれるよね。先生は
サンタさんのお手伝いをするために、
今、空を飛ぶ練習をしています。
少しだけ飛べるようになりました。
よーく見ててね！

2

バスタオルを広げて、スリッパは見えるように、足首は見えないように持ちます。膝は少し曲げておくのがポイントです。スリッパをそっとぬぎ、片足の親指と人差し指で挟みます。

保育者 せーの！

3

バスタオルをゆっくりと持ち上げるのと同時にスリッパも持ち上げます。このとき、スリッパを上げたぶんだけ、膝を伸ばして上半身も上がるようにします。2〜3回繰り返し見せるとよいでしょう。

保育者 わー！　飛んでるー！
とてもパワーを使うから、まだたくさんはできないの。たくさん飛べるサンタさんはすごいね！

タネ明かし

（横から見た図）

5本指の靴下かはだしで行います。バスタオルを広げて持ち、スリッパが見えて、足首は見えないようにします。膝を少し曲げておきます。スリッパを脱ぎ、片足の親指と人差し指で挟みます。

バスタオルを持ち上げるのと同時にスリッパを持ち上げます。
スリッパを上げた分だけ、上半身も上がるように膝を伸ばします。

魔法封筒に星を入れると
モチーフがつながってビックリ！

魔法の封筒

案・指導／大友 剛　製作／山口みつ子
モデル／伊藤有希菜

用意する物

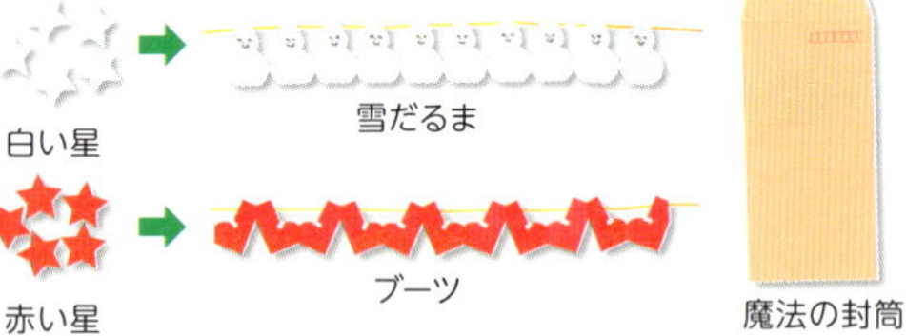

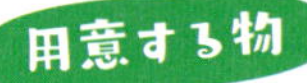

1

保育者は雪だるまを入れた封筒を取り出して中を見せ、空っぽなことを確認します。このとき、雪だるまが入っていない側を見せます。

保育者 ここに魔法の封筒があります。この封筒に白い星を入れてみましょう。

封筒に白い星を入れます。

2

手を封筒に向け、ぐるぐる回すようなしぐさをします。

保育者 おまじないをかけます。ちちんぷいぷいのぷい！

3

あらかじめ入れておいた雪だるまを封筒から出します。

保育者 わぁ！ 白い雪だるまがたくさん出てきました。

4

ブーツを入れておいた2つ目の封筒を出し、
1～3の動作を行います。

保育者 **赤い星を入れて、ちちんぷいぷいのぷい！
今度は赤いブーツがたくさん!!**

5

ツリーを入れておいた3つ目の封筒を出し、
1～3の動作を行います。

保育者 **緑の星を入れて、ちちんぷいぷいのぷい！
今度は緑色のクリスマスツリーです！
部屋に飾って、クリスマスを
楽しみましょうね。**

部屋に飾って、
クリスマスを
楽しみましょうね

タネ明かし

封筒の中に仕切りを作り、一方に雪だるまを入れておきます。

作り方

型紙 P.44

【材料】色画用紙、画用紙、封筒（6枚）、リボン、丸シール、包装紙

< 雪だるま >

包装紙をじゃばら折りする
切り取る
広げる　リボンを貼る（貼らなくても可）
描く

※ブーツ、ツリーも同様に作り、丸シールで飾ります。

< 星 >

< 魔法の封筒 >

表面を切り取る
封筒
入れる
封筒
中に仕切りができる

やりとりが楽しい！

後ろにいるのは？

案／アトリエ自遊楽校　渡辺リカ　イラスト／浅羽ピピ

ねらい

- リズムに合わせて動く楽しさを感じる。
- どのポーズにするかなど、ドキドキ感を楽しむ。

ポイント　はっきりとポーズをするのがルール。子どもたちと約束しておきましょう。

遊び方

1

全員でトナカイ（頭上で角を作る）、サンタさん（両手を逆さに開いて顎に当て、ひげを作る）、雪だるま（両手を頭上に載せて円を作る）のポーズを練習します。

2

子どもと保育者は向かい合って立ちます。「ジングルベル」をうたいながら、子どもたちはその場で足踏みをして後ろを向きます。そして、「ジングルベル」（39ページ）のリズムに合わせて「♪後ろにいるのは　誰でしょう」とうたいながら腕を振ります。

3

保育者の合図で、子どもたちは「トナカイ」「サンタさん」「雪だるま」の中から1つ選んでポーズをし、ジャンプしながら振り返ります。同時に保育者も好きなポーズをし、保育者と同じポーズだったら勝ち。負けた子はその場に座ります。繰り返して、最後まで残った子がチャンピオンです。

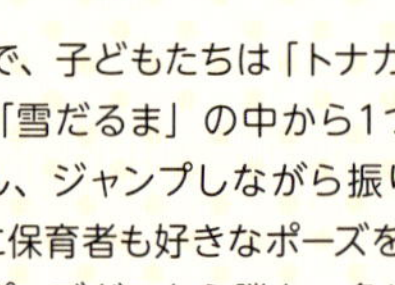

5〜4歳児

帽子で雪玉をリレーしよう!

雪玉ポンポン

案／アトリエ自遊楽校　渡辺リカ　イラスト／野田節美

ねらい

- 遊びを通して、協力することの楽しさを知る。

アレンジ　間隔を空けて並び、雪玉を投げてリレーしても盛り上がります。

遊び方

1

5〜7人のチームに分かれます。順番を決めて一列に並び、三角帽子をかぶります。1番目の子は雪玉ポンポンを持って、2番目の子と向かい合います。

2

保育者の「雪玉ポンポン、よーいポン!」の合図で、1番目と2番目の子は帽子を脱いで、雪玉を帽子で受け渡します。これをくり返し、最後の子までリレーします。落としたら1番目の子から再スタート。最後の子が雪玉入りの帽子を頭上に掲げたのが早いチームの勝ちです。

用意する物　三角帽子（パーティー用の物など）、雪玉ポンポン

雪玉ポンポン

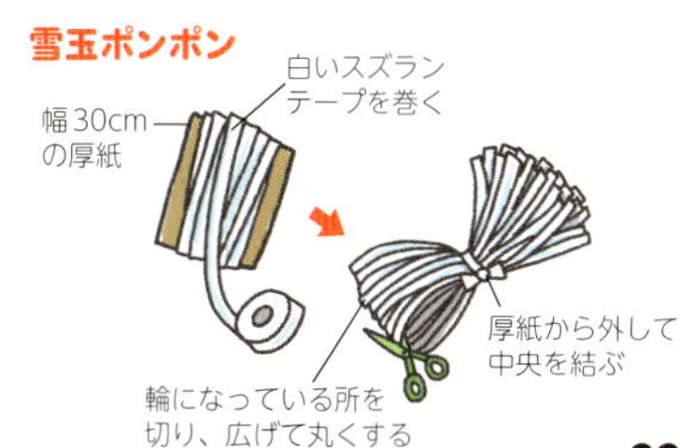

4～3歳児

大きなツリーを作ろう！

紙袋でクリスマスツリー

案／須貝京子　イラスト／坂本直子

ねらい

- 季節の行事を遊びに取り入れて楽しむ。
- 友達と協力して、クリスマスツリーを作る喜びを感じる。

紙袋（いろいろな大きさ・形の物。なるべく柄のない物）、ビニールテープなど

1 子どもたちに1人3枚紙袋を渡し、ビニールテープなどを貼って、自由に装飾を楽しみます。

2 飾り終えたら紙袋を集めて、一つひとつ積み上げて大きなクリスマスツリーを作ります。どこまで積み上げて大きなツリーを作れるか、みんなで盛り上がりましょう。

3～2歳児

大きなプレゼントはどこかな？

クリスマスプレゼントを探そう！

案／鈴木 翼　イラスト／鹿渡いづみ

ねらい

- 季節の行事を遊びに取り入れて楽しむ。
- 友達と協力したり相談したりしながら、遊ぶ楽しさを感じる。

積み木、ブロック、ぬいぐるみなど（保育室にある小さめのおもちゃ）、サンタ帽子

遊び方

1 子どもたちは２～３人で１グループになり、保育者はサンタ役になります。サンタ役がブロックなどの小さいおもちゃを子どもたちに見せながら、「これより大きいおもちゃを持ってきてね」と言います。

2 子どもたちはグループで部屋の中から、サンタ役が持っているおもちゃより大きなおもちゃを探して、サンタ役に届けます。２～３回繰り返し、最終的に一番大きなおもちゃを探したチームの勝ちです。

ひととおり遊んだら、どんどん小さいおもちゃや、どんどん長いおもちゃを探すなど、アレンジしても楽しいでしょう。

2～1歳児

何が届くかワクワク！

大きな袋 de サンタクロースごっこ

案／東京家政大学ナースリールーム　イラスト／ささきともえ

ねらい

- 保育者といっしょに、季節感のある遊びを楽しむ。
- イメージを共有して、それぞれが役割をもって遊びに参加する。

用意する物　袋、おもちゃ（積み木、ぬいぐるみなど）

遊び方

1 保育者がサンタ役になり、子どもたちは寝るまねをします。サンタ役はおもちゃを入れた袋を持って、寝ている子におもちゃを届けます。

2 保育者は「コケコッコー！ 朝ですよ。おはよー！」と言います。子どもたちは起き上がり、自分に届いたおもちゃを見つけて遊びます。

ポイント　慣れてきたら、サンタ役を子どもがやってもよいでしょう。袋を数枚用意し、サンタ役を増やしても盛り上がります。

お座りができたら！

スイースイー そり遊び

案／浅野ななみ　イラスト／有栖サチコ

ねらい

- 動きの変化を楽しみながら保育者と触れ合って遊ぶ。

用意する物　バスタオル、積み木など

遊び方

1　バスタオルを広げ、真ん中に子どもが座ります。保育者はバスタオルの端を両手で持ち、ゆっくりと動かします。このとき、子どもの後ろ側にも保育者が１人つくと安心です。

2　慣れてきたら、積み木などを置いてコースを作ります。障害物を避けながらバスタオルを引っ張って進むと、動きに変化がついて楽しいです。

ポイント　お座りが安定した時期の子ども向けの遊びです。子どもが転倒しないように、スピードを加減しながら行います。滑りのよい床で遊びましょう。

由木 康 訳詞／F. グルーバー 作曲

宮澤章二　訳詞 ／J.S.ピアポント　作曲

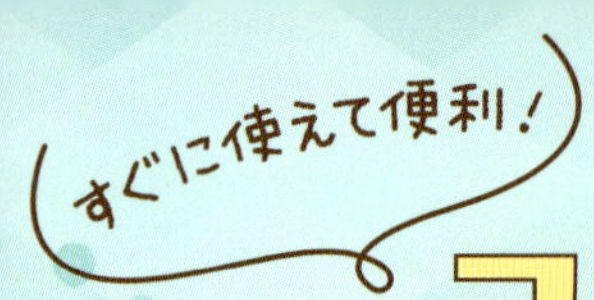

このマークが付いている作品の型紙です。
コピーしてご利用ください。

P.8～11 ミニツリー

基本の星

※基本の星は拡大・縮小コピーをして
自由に使いましょう。

モコモコツリー

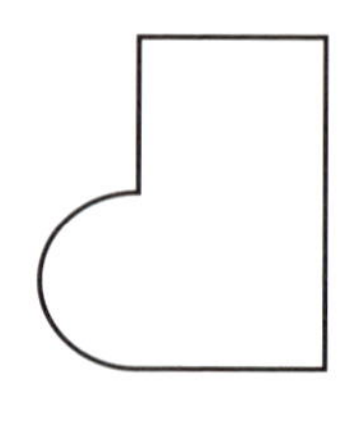

マーブリングツリー

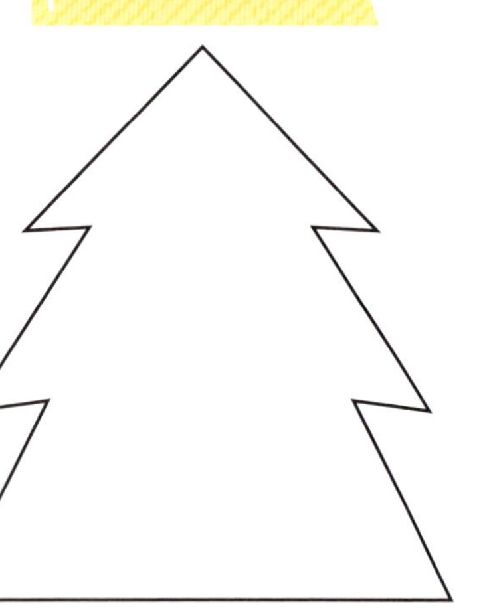

ひらひらフリンジツリー

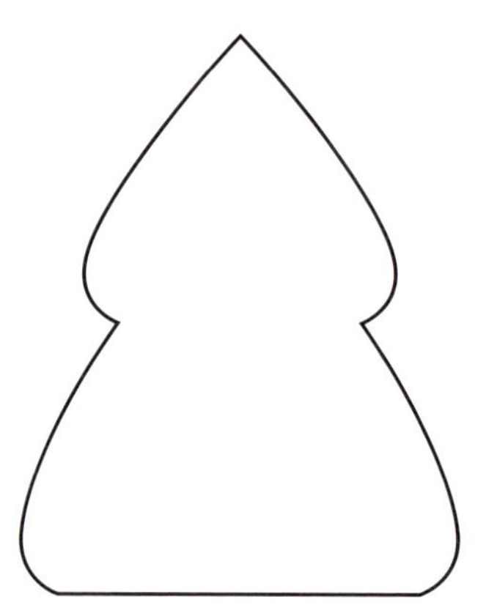

発泡トレーのカラフルツリー

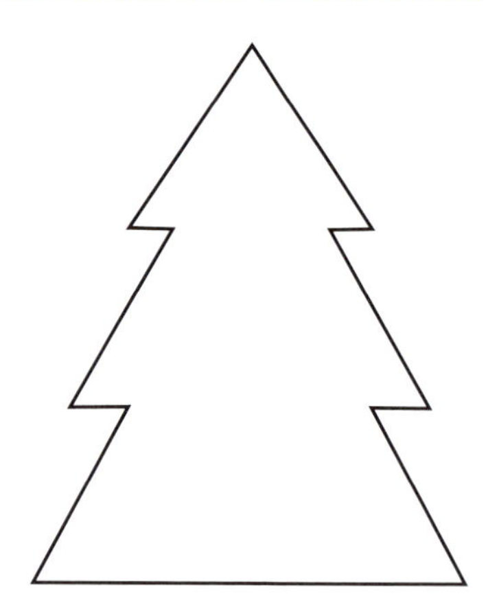

P.12～13 サンタクロース

お花紙のふんわりサンタさん

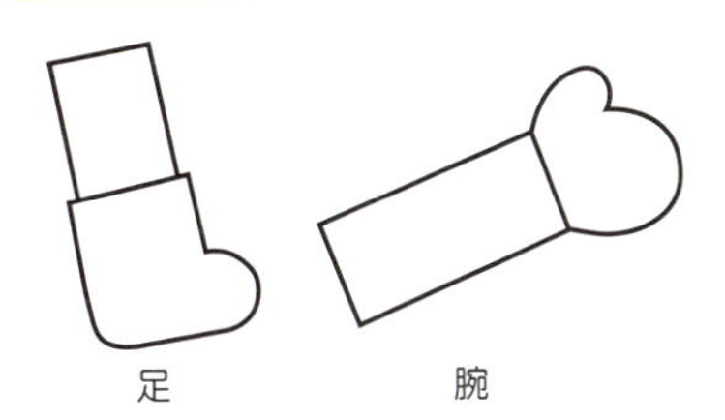

※反対向きの足と腕は、
反転コピーをしてください。

立体太っちょサンタさん

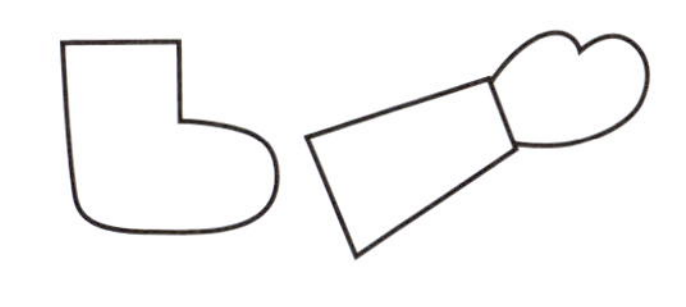

※反対向きのブーツと腕は、
反転コピーをしてください。

とんがり帽子のサンタさん

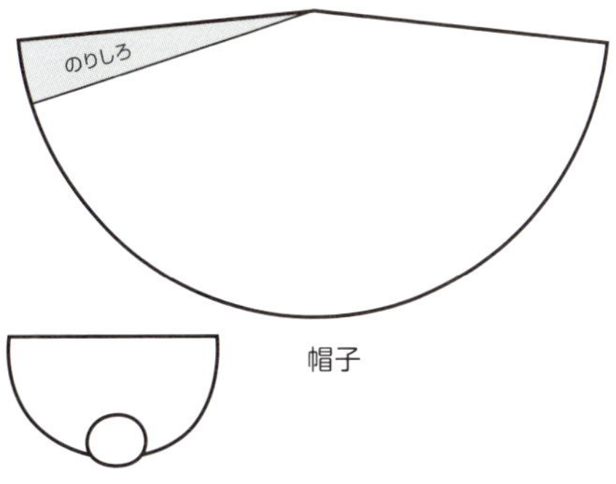

P.14～15 リース

指スタンプリース

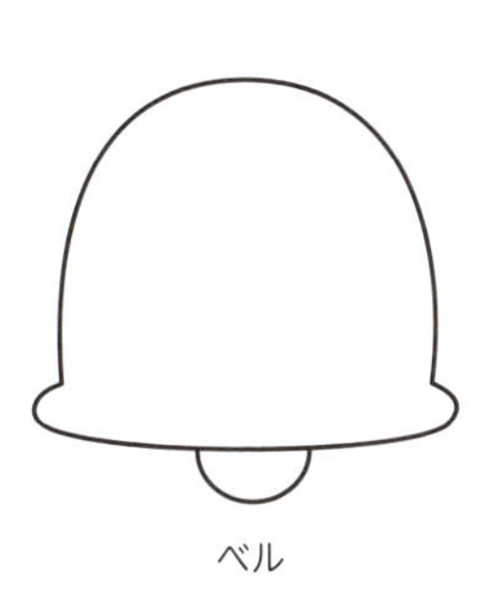

P.16～17 アラカルト

毛糸ぐるぐる雪だるま

小枝の角のトナカイさん

デカルコマニーブーツ

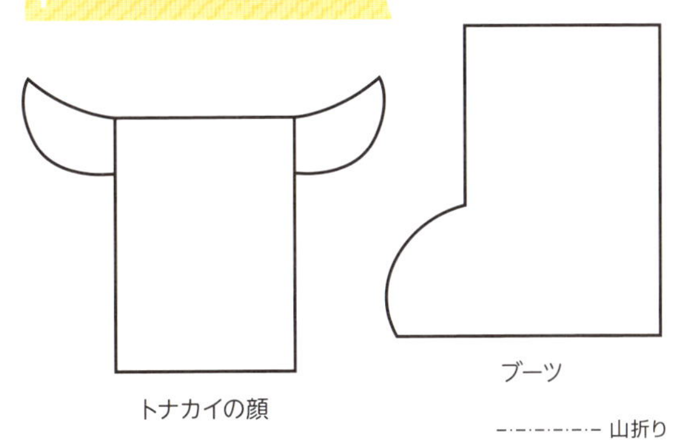

-・-・-・-・-・- 山折り

P.22 ふわふわビッグツリー

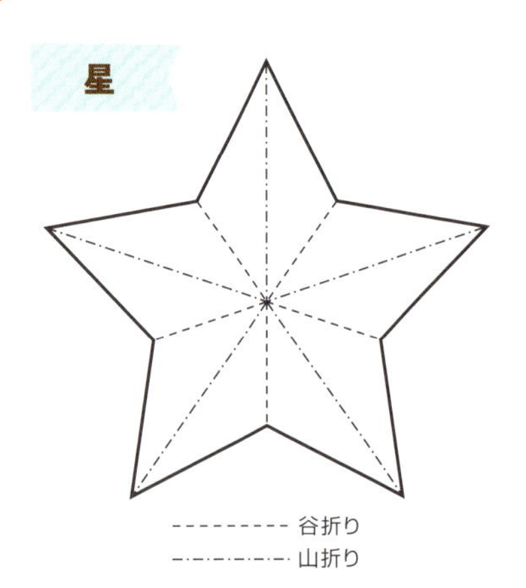

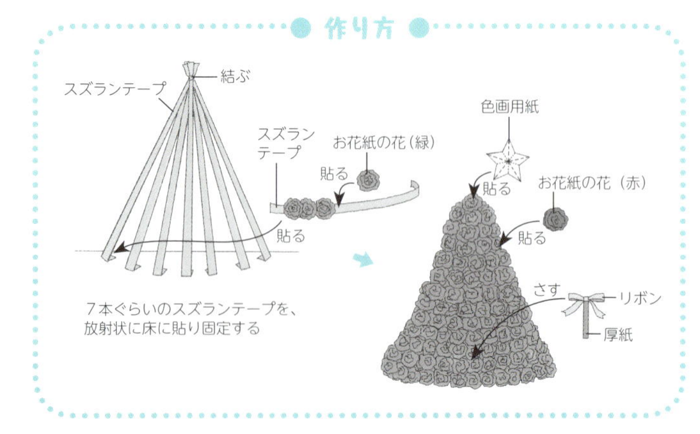

P.22 雪の結晶つりかざり

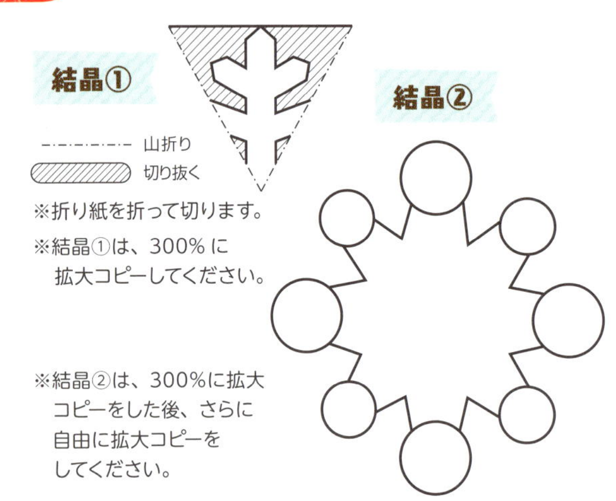

※折り紙を折って切ります。

※結晶①は、300% に拡大コピーしてください。

※結晶②は、300%に拡大コピーをした後、さらに自由に拡大コピーをしてください。

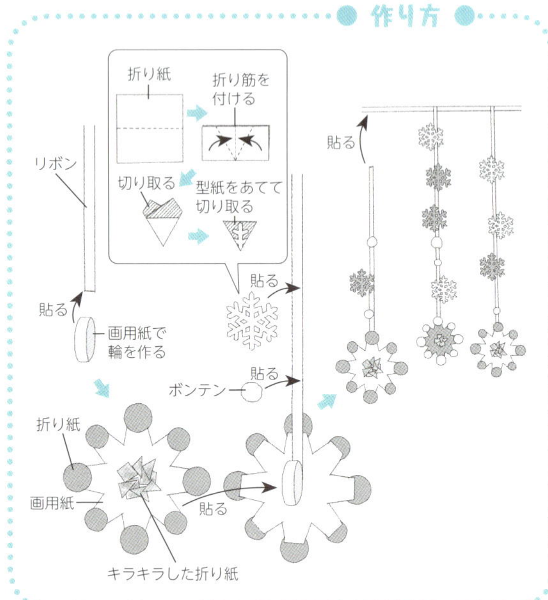

P.23 クリスマスケーキの置きかざり

サンタ　トナカイ

プレート

※プレートは、他のパーツの200%に拡大コピーをしてください。

土台

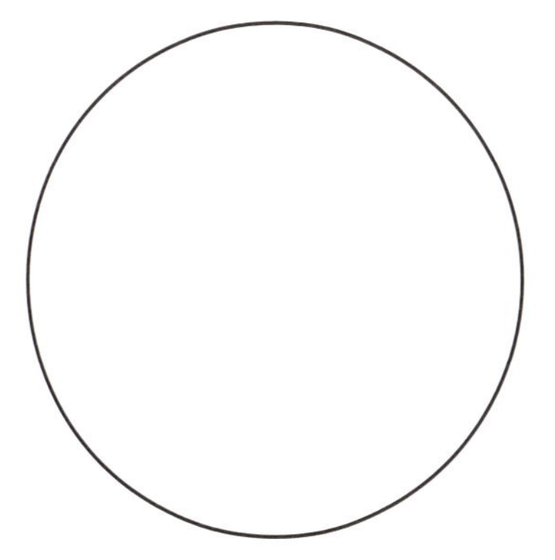

※土台は、他のパーツの200%に拡大コピーをしてください。

ブーツ　ステッキ　星　ハート　ダイヤ

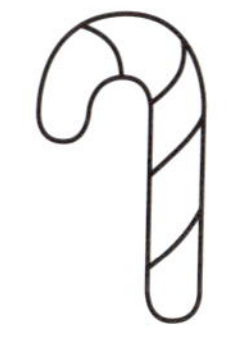

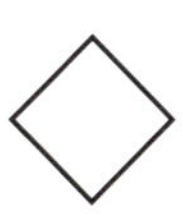

プレゼント　葉　ジンジャーマン

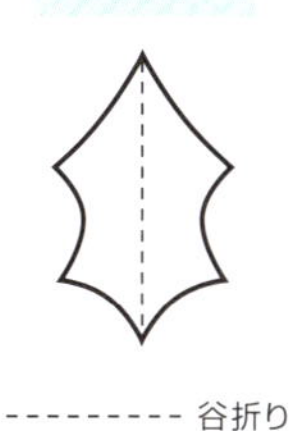

- - - - - - - - - 谷折り

P.28 浮遊マジック

星

P.24 クリスマスモチーフのつりかざり

P.30 魔法の封筒

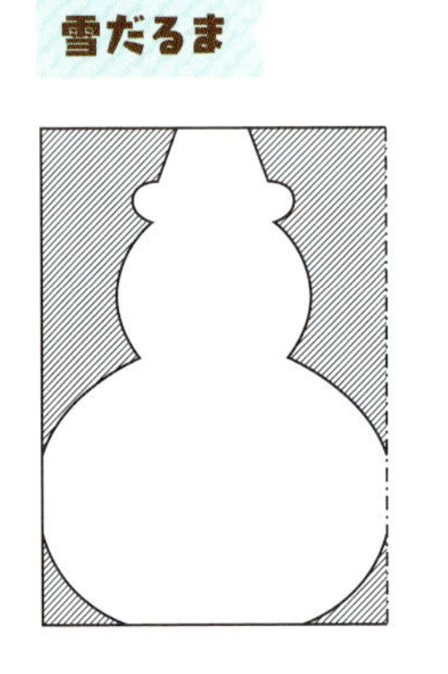

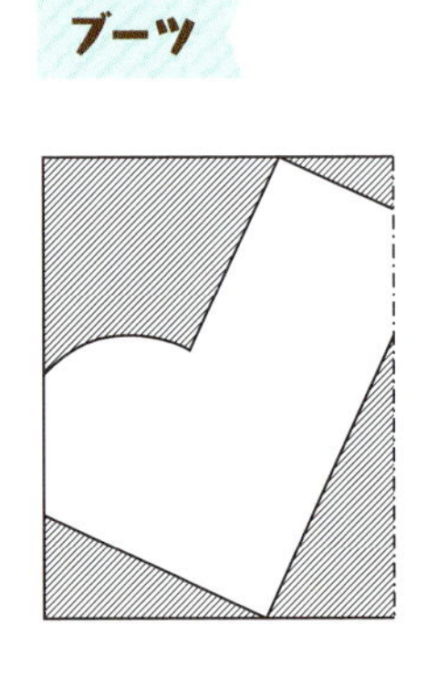

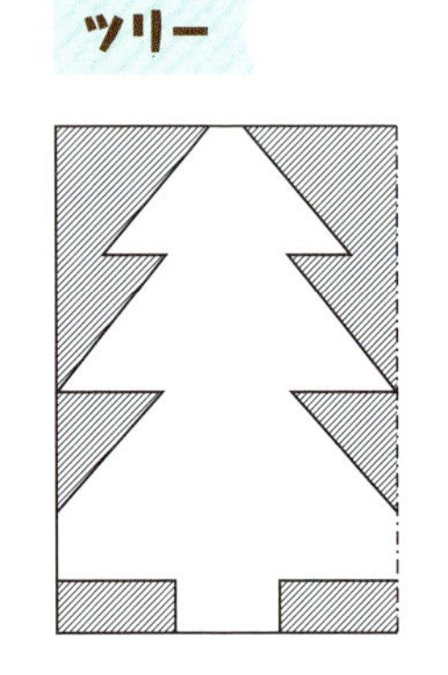

山折り　切り抜く

※じゃばら折りしてから切ります。

P.25

クリスマスのアドベントカレンダー

※家は、他のパーツの200%に拡大コピーをしてください。

P.26 サンタさんとクリスマス会

※反対向きのガーランドは、
反転コピーをしてください。

ガーランド

サンタ

音符

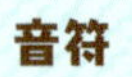

窓

くま

うさぎ

ねずみ

P.27 みんなで仲よく飾りつけ

※小さい星は、縮小コピーをしてください。

※他のねずみは、ねずみ①②をコピーして作ってください。
※表情は、自由に変えてください。

案・製作

青柳祥子、浅野ななみ、アトリエ自遊楽校 渡辺リカ、いとう・なつこ、うえはらかずよ、おおしだいちこ、大友剛、尾田芳子、須貝京子、すぎやままさこ、鈴木 翼、＊すまいるママ＊、つかさみほ、東京家政大学ナースリールーム、とりう みゆき、丹羽兌子、藤沢しのぶ、町田里美、みさきゆい、宮地明子、もりあみこ、もり 結、やのちひろ、山口みつ子、山下味希恵

カバー・本文デザイン ／ 坂野由香、石橋奈巳（株式会社リナリマ）
もくじイラスト ／ もりあみこ
イラスト ／ 浅羽ピピ、有栖サチコ、坂本直子、ささきともえ、鹿渡いづみ、野田節美、みつき、みやれいこ
作り方イラスト・折り図 ／ おおしだいちこ、河合美穂、速水えり、みつき
シアターモデル ／ 伊藤有希菜
キッズモデル協力 ／ 有限会社クレヨン
撮影 ／ 林 均、安田仁志
楽譜浄書 ／ 株式会社クラフトーン
型紙トレース ／ プレーンワークス
本文校正 ／ 有限会社くすのき舎
協力 ／ 阿部 恵、宮﨑信子、山口恵美
編集 ／ 田島美穂

Potブックスmini　行事アイデアぽけっと

とっておき！クリスマス

2019年10月　初版第1刷発行

編　者／ポット編集部　
発行人／村野芳雄
編集人／西岡育子
発行所／株式会社チャイルド本社
〒112-8512　東京都文京区小石川5-24-21
電話／03-3813-2141（営業）　03-3813-9445（編集）
振替／00100-4-38410
印刷・製本／共同印刷株式会社
ISBN978-4-8054-0286-3
NDC376　17×19cm　48P　Printed in Japan
日本音楽著作権協会（出）許諾第1909551-901号

チャイルド本社のホームページアドレス
https://www.childbook.co.jp/
チャイルドブックや保育図書の情報が盛りだくさん。
どうぞご利用ください。